육교,
도로와
사람을
잇다

육교, 도로와 사람을 잇다

인쇄일 2021년 10월 1일
출간일 2021년 10월 13일

글쓴이 지혜선
그린이 김세진

펴낸이 최금옥
편 집 이지안
디자인 남철우

펴낸곳 이론과실천
　　　　　등록 제10-1291호
　　　　　(07207) 서울시 영등포구 양평로 21가길 19 우림라이온스밸리 B동 512호
　　　　　전화 02-714-9800 ｜ 팩스 02-702-6655

ISBN 978-89-313-6077-6 43300

삶이 있는 육교 이야기

육교, 도로와 사람을 잇다

지혜선 글 | 김세진 그림

이론과실천

작가의 말

도로 위 홀연히 서 있는
육교를 바라보며

며칠 전 어린 시절 살던 잠실을 지나갈 일이 있었어요. 학교 다닐 때 도로 양옆으로 있었던 5층 아파트들이 모두 고층 아파트로 변해 있었어요. 나와 친구들의 아지트이자 약속 장소였던 신천역의 왁자지껄한 먹자골목은 백화점의 식품 판매점처럼 변했고, 버스를 기다리며 구경했던 즐비한 상점들도 사라지고 없었어요. 바뀐 풍경이 너무나 낯설어 공기마저 낯설게 느껴지더군요. 왠지 모를 아쉬움에 나도 모르게 거기서 한참을 서성였던 것 같아요.

도시 재개발은 말 그대로 도시를 새롭게 바꾸면서 낡은 시설은 부수고 세련되고 편한 시설로 바꾸는 것이에요. 흔히 오래된 아파트나 건물들이 사라지고 그 자리에 초고층 아파트 단지와 정돈된 건물들이 들어서고 반듯반듯한 도로가 생기면서 재개발되기 전의 도시 모습은 거의 찾아보기 어려워요. 깔끔하게 정돈되고 편리 시설이 들어선 도시를 마다할 사람이 누가 있겠어요?

그렇지만 오래된 건물이나 시설물들을 낡고 불편하다는 이유로 허물어 버리는 것이, 사람들의 편의를 위해 오랫동안 거기 그 자리를 지키고 있던

4

것들이 흔적도 없이 사라져버리는 것이 당연하고 바람직한 걸까, 하는 생각이 들었어요. 그 무엇이든 오늘의 모습이 있기까지는 사람과 함께 부대끼며 버텨 온 시간과 삶의 흔적이 스며 있으니까요.

　'육교'는 이런 흔적의 대표적인 시설물이에요. 오랜 세월 우리 곁에 있으면서 우리의 안전을 지켜주고 삶의 애환이 녹아 있는 유일한 공간이지요. 그런데 이 육교가 오르내리기 불편하고 미관을 해친다는 이유로, 낡고 오래되어 흉하다는 이유로 하나둘 우리 곁에서 사라지고 있어요. 횡단보도가 생기면서 더더욱 외면 받고 있지요.

　무엇이든 새롭게 탄생시키기 위해서는 반드시 고민하고 생각해 봐야 할 것이 있어요. 그것이 무엇이냐고요? 길 위에 떠 있는 다리, 육교가 그 답을 알려줄 거예요.

지혜선

차 례

가난을 벗고 경제가 발전하기 위해선
자동차는 달려야 한다.
그렇게 도로에 사람들의 길,
육교가 세워졌다.

제1장 **육교의 탄생**

길을 잇는 다리, 육교

도로는 늘 분주해. 자동차가 쉴 새 없이 오가고, 사람들이 지나다니
지. 차들은 신호등 신호에 따라 계속 가거나 멈추고, 사람들은 횡단보
도 앞에서 보행자 신호가 켜지기를 기다렸다가 건너가고 말이야. 흔

한 도로 풍경이야.

그런데 도로에 횡단보도가 없다면 어떨까? 아니, 횡단보도 대신 육교만 있다면? 생각만 해도 많이 불편할 것 같아. 하지만 불과 몇 십 년 전인 1970대만 해도 서울 시내 도로에는 횡단보도가 없고 육교만 있었어. 믿을 수 없다고? 그렇지만 사실이야. 당시 사람들은 도로를 건너려면 무조건 육교를 이용해야 했어. 아니면 무단횡단을 할 수밖에 없었지. 당시 도로 사진들을 보면 차와 사람들이 복잡한 도로에 무질

서하게 뒤엉킨 모습을 쉽게 볼 수 있어. 그때는 도로가 좁고 제대로 정비되어 있지 않았어. 다행히 차량 통행이 많지 않아서 그나마 그 정도였지, 만약 지금처럼 차가 많았다면 크고 작은 사고가 끊이지 않았을 거야.

육교는 도로에 꼭 필요한 시설물이야. 오래전부터 그 자리에 있었고 많은 사람들이 이용했어. 도로나 철로로 끊어진 길을 안전하게 건널 수 있게 길과 길을 연결해주는, 길 위에 놓인 다리인 셈이지.

육교의 전신이라고 할 수 있는 다리(Bridge)는 바다나 강, 개천으로 끊어진 육지와 육지를 잇는 길이야. 다리의 역사는 정말 오래되었어.

흐르는 물 위에 통나무를 쓰러뜨리거나 돌을 놓아 징검다리를 만든 것에서 시작되었지.

우리나라도 옛날부터 냇가를 건너갈 때는 발이 물에 젖을까봐 돌을 놓아 밟고 지나다녔어. 물이 깊은 데는 섶 다리를 만들어 놓았지. 그러다가 좀 더 안전하게 건너다니고 수레나 가축도 지나다닐 수 있게 튼튼한 돌다리를 만들기 시작했어. 다리 만드는 기술이 그만큼 뒷받침이 된 것이지. 전쟁은 다리를 발전시키는 데 커다란 영향을 끼쳤어. 많은 군사들이 한꺼번에 다리를 건너고, 더 빨리 진격하려면 그만큼 튼튼하고 넓은 다리가 필요했기 때문이야.

이렇게 생겨난 다리는 인류 문명을 개척해나가고 발전해나가는 중요한 역할을 해왔어. 다리 제작 기술은 철로가 생기고 도로가 많아지면서 끊어진 길을 잇는 육교를 만들어내는 배경이 되었고 말이야.

우리나라에서는 도로가 생기고 철로가 생긴 개화기 이후에 육교가 만들어졌어. 고종의 지시로 1901년에 세워진 '쌍무지개 육교'가 그것인데, 화강암을 재료로 하여 아치형으로 만든 이 육교는 경희궁과 경운궁(현재 덕수궁)을 잇고 있어. 궁궐을 연상하게 하는 독특한 모양과,

종로와 서대문을 잇는 새문안길 양쪽에서 모두 조망될 정도로 웅장해서 금세 이목을 끌었지.

그런데 이 육교는 어떻게 만들어진 걸까?

이 답을 찾으려면 1896년으로 거슬러 올라가야 해. 1896년은 대한제국이었던 우리나라에 엄청난 사건이 벌어진 해였어. 당시 왕이었던 고종황제가 궁궐을 버리고 러시아 공사관으로 피신을 하는 엄청난 일이 벌어졌거든. '아관파천'이라 불리는 이 사건은 충격을 넘어 매우 치

욕적인 일이었어. 한 나라의 왕이 궁궐을 버리고 부랴부랴 다른 나라 공사관으로 피신을 할 만큼 급박한 사정이 생겼다는 거잖아. 그 급박한 사정이라는 게 뭐였냐면 바로 을미사변이야. 일본군이 우리 궁궐에 침입하여 명성황후를 무참히 시해한 잔인하고 극악무도한 사건 말이야. 그러니 고종이 얼마나 놀라고 위협을 느꼈겠어.

이렇게 러시아 공사관에 머물면서 고종은 경운궁을 수리하고, 궁궐 주변의 외국인 가옥을 일부 매입하여 여러 채의 양관을 신축했어. 하지만 경운궁은 임진왜란 때 선조가 임시 별궁으로 삼았을 뿐 원래 궁궐로 지어진 건물도 아니었고, 부지 일부를 외국 공관에 할당하여 마음대로 수리를 할 수 없었어. 고종은 경운궁을 황궁답게 만들지 못하는 아쉬움을 경희궁을 궁궐처럼 사용하는 것으로 채우려 했어. 그것이 경희궁과 경운궁을 잇는 쌍무지개육교 건설로 나타났지. 이 육교는 폴란드계 독일인이 설계하고 공사 기간도 1901년부터 1904년 러일전쟁이 일어나기 직전까지 지속되었어.

쌍무지개육교는 아시아 최초, 최장의 육교라는 기록을 남겼지만 일제강점기 때 일본이 경희궁을 헐면서 이 육교까지 모조리 철거해버려서 지금은 흔적조차 남아 있지 않아.

육교가 세워지다

쌍무지개육교 이후 육교가 다시 등장한 것은 그로부터 60년이 지난 1966년 무렵이야. 유신시대라 불리는 이 시기는 경공업을 중심으로 수출에 박차를 가하던 때였어.

당시 우리나라는 35년간의 일제강점기와 3년간의 한국전쟁을 겪은 뒤라 매우 가난했어. 6·25전쟁으로 부산을 제외한 전국이 초토화됐고, 도로, 항만, 철도, 학교 등 경제체제 기반이 되는 생활 터전이 거의 무너져버린 상태였어. 1인당 국민소득이 87달러에 불과하여 세계 125개국 가운데 101번째일 정도로 가난한 나라였어.

사정이 이렇다 보니 당시 정부는 모든 정책을 오직 가난을 벗어나는데 두었어. 그 일환으로 진행된 것이 경제개발5개년계획이었고, 이것이 본격적으로 시작되면서 도로가 만들어지고 그 위에 육교가 세워졌어.

당시 정부는 경제성장에 온힘을 쏟아붓고 있던 때라 사람보다는 산업화의 상징인 도로와 자동차의 속도와 흐름을 아주 중요하게 생각했어. 특히 도로는 경제발전의 속도와 흐름의 상징으로 여겼어. 도로

에 자동차가 많아지고 쌩쌩 달릴수록 경제발전의 속도도 빨라진다고 생각한 거야. 그렇기 때문에 도로 위 자동차는 속도를 방해 받지 않고 달려야만 했어. 그 흐름에 방해가 되는 것은, 설사 그것이 사람일지라 도 있으면 안 되었지. 자동차의 흐름은 끊지 않으면서 사람들도 도로 를 건널 수 있는 아주 효율적인 다리, 육교는 그렇게 등장했어.

육교는 능률 향상과 속도를 중시했던 당시 분위기가 만들어낸 결 과물이라고 해도 과언이 아니야. 도로는 사람이 아니라 자동차의 전 유물이어야 했던 거야. 국민들 또한 가난에서 벗어날 수 있다면, 경제 가 성장할 수 있다면 국가 정책에 발맞춰 어떤 손해도 기꺼이 감수하 겠다는 분위기였지.

가난한 나라, 복잡한 서울

육교가 세워지기 이전인 1960년 서울 도심은 도로보다 전차가 다니는 선로가 더 많았어. 인구 350명 중에 고작 1명이 자동차를 가지고 있을 만큼 자동차 보급률은 낮았지만, 도로는 차들과 사람들이 뒤엉켜 복잡했고 도로정체도 매우 심각했어.

그 당시 시민들의 출퇴근을 담당하는 대중교통 수단은 시속 8킬로미터밖에 안 되는 시내 전차와 버스 1,370대가 전부였어. 그런데도 날마다 도로는 매우 혼잡했어. 2.2가구당 차량 한 대를 가지고 있는 오늘날과 비교하면 도저히 이해가 되지 않는 상황이었지. 이유는 도로 폭 때문이었어.

당시 도심 외곽도로의 너비는 지금의 20미터의 절반인 10미터에 불과했어. 거기에다 시속 20킬로미터로 달리는 전차가 시내 한복판을 지나고 있어 도로는 늘 정체 상태를 벗어나지 못했던 거야. 도로 구조도 문제였어. 큰길과의 접근이 어려워 한 번 정체가 되면 도심 도로는 차들로 꽉 막혀버렸어.

또한 강북과 강남으로 통하는 한강다리는 제1, 제2 한강대교와 광진교를 합해 세 개뿐이었고, 전차의 종점이 시가지 끝에 있어 정체가 심각했어. 더군다나 대부분의 중·고등학교가 종로, 중구 등 서울 시내

중심에 집중되어 있어 교통체증을 더욱 부추겼어. 특히 출퇴근 시간
에는 차를 타려는 사람들로 인산인해를 이뤄 여자와 노인, 아기를 데
리고 있는 사람들은 남자들의 힘에 밀려 버스를 타려면 한 시간 이상

을 기다리기도 했어. 게다가 서울에 인구가 늘어나면서 교통 상황은 더욱 심각해졌어. 그야말로 '교통지옥'을 방불케 할 만큼 좁은 도로에 차와 사람들이 뒤엉켜 차들이 제대로 달릴 수 없었어.

이런 도로 상태에서 경제발전을 이룩하기는 어려울 수밖에 없었어. 산업화를 꾀하고 그를 통해 경제발전을 도모하려면 무엇보다 도로를 개선하는 일이 시급했지.

당시 대통령이었던 박정희는 국가경제를 살리기 위한 경제개발5개년계획을 세우고, 그 핵심 사업으로 사회간접자본인 도로, 항만 등을 확충해놓고 자동차, 조선, 화학, 시멘트 등의 중화학공업을 육성시키고자 했어. 중화학공업을 육성해 수출을 증대하면 경제성장을 이룰 수 있다는 확신을 가지고 있었어.

그런데 문제는 돈이었어. 나라가 가난하다 보니 그 많은 일을 추진할 돈이 없었거든. 박정희는 경제발전의 시작을 위한 천문학적인 자금을 해외원조로 충당했어. 그때 받은 해외원조가 당시 국민들의 피와 땀, 그리고 목숨과 맞바꾼 베트남전쟁 파병과 독일에 간호사, 광부 파견, 대일 청구권이야. 그렇게 받은 해외원조로 경부고속도로를 건설하고, 울산, 구미, 포항 등에 중화학공업 단지를 조성했어.

당시 야당과 언론, 지식층들은 고속도로 건설 사업에 매우 회의적이었어. 경제 사정상 너무 무리한 사업이라는 이유였지. 그렇지만 박정희는 막대한 해외원조를 받아 고속도로 건설을 시작했어. 그 첫 번째가 서울과 부산을 잇는 경부고속도로였어. 경부고속도로를 건설하면 지역 경제가 서울로 유입될 거라고 본 거야. 그는 서울이 대한민국 경제발전의 중심이자 성장의 중심이 되어야 한다고 생각했어.

경부고속도로 건설 다음으로 힘을 기울인 것이 서울을 개발하는 거였어. 이를 위해 당시 부산시장이었던 김현옥을 서울시장으로 임명했어. 김현옥은 별명이 '불도저 시장'이라고 불릴 정도로 밤낮을 가리지 않고 일을 밀어붙이는 사람이었어.

국민의 목숨과 희생의 대가로 받은 해외원조

영화 <국제시장>은 60년대에 독일에 광부로, 베트남 전쟁 때에는 베트남에 파병을 갔던 주인공의 이야기가 나온다. 이는 단지 영화 속 이야기에 그치지 않는다.

실제로 우리나라는 1963년 12월 22일, 독일에 광부와 간호사를 보내는 계약을 맺었다. 독일이 4천만 달러를 빌려주는 대가였다. 대한민국의 건장하고 젊은 남성과 젊은 여성들이 머나먼 타국인 독일에 광부, 간호사로 갔고, 이들의 월급을 담보로 해서 대출을 받은 것이다. 1977년까지 독일로 건너간 광부가 7,932명, 간호사는 1만226명이나 됐다.

1966년에는 베트남과 전쟁을 벌이고 있는 미국을 지원하는 베트남 파병에 서명했다. 그 대가로 미국은 현금 1억5천만 달러를 비롯해 1970년까지 총 9억2,700만 달러를 제공했다. 지원금에 상응하는 결과는 베트남 참전 병사들로 보답했다. 당시 베트남전에 참전한 병사만 연 32만여 명이었고, 베트남에 상주한 병사도 5만 명이나 됐다. 또 이때 전사한 병사가 5천여 명, 부상자도 1만1천여 명이나 됐다.

일본과는 1965년에 한일기본조약을 체결했다. 수많은 대학생들이 일본과의 과거 청산 없는 한일조약은 굴욕 외교라며 거세게 반발했지만, 박정희는 그런 반대에도 아랑곳하지 않고 무상 3억, 유상 2억 달러를 받고 한일기본조약을 체결했다. 이 조약을 빌미삼아 일본은 지금껏 강제징용 판결, 위안부 문제 등 역사에 대한 반성과 사과 없이 적반하장으로 뻔뻔하게 대응하고 있다.

서울은 공사 중

1966년 4월, 서울시청으로 첫 출근을 한 김현옥은 교통체증이 심각한 서울 시내를 목격하고는 서울을 경제개발의 거점도시로 만들려면 가장 먼저 교통난부터 해결해야겠다고 생각했어. 그는 곧 서울시 교통난 완화 대책을 발표했어.

- 장기적인 문제해결 대책으로 지하철을 건설하겠다
- 중기 대책으로 시속 8킬로미터로 달리는 답답한 전차를 모두 철거하겠다
- 단기 대책으로 버스, 승합차를 증차하고 '교통도로'를 건설하겠다

여기서 '교통도로'는 보도육교, 지하도, 고가도로, 간선도로 같은 시설을 말해. 교통도로를 건설해서 교통난을 해결하겠다는 의도였는데, 그 첫 시작이 바로 육교 건설이었어. 그는 교통난 완화 대책을 발표한 날로부터 4개월 후인 8월 15일까지 육교를 완공하겠다고 공표했어. 그러고는 곧바로 작업에 착수했는데, 이후 서울 시내 도로는 뜯기고, 패이고, 부서지고, 그런 난리가 없었어. 도로는 육교 공사판이 되었고,

시민들은 심각한 '교통지옥'을 겪어야 했어.

시민들의 원성이 자자하자 김현옥은 시민들의 원성을 피하려고 철야작업을 강행했어. 공무원과 공사 관계자들을 동원해 24시간 5교대로 단 1분도 쉬지 말고 공사를 하라고 다그쳤어. 공사판에 직접 나와 선두지휘까지 하면서 말이야. 그렇게 닦달한 결과 애초 공사 완료일보다 무려 50일이나 앞당긴 1966년 6월 22일에 서울 시내에 육교 6개가 개통됐어.

소공동 신세계백화점 앞에 세워진 첫 육교 개통식 날, 백화점 일대는 육교를 구경하러 나온 사람들로 북새통을 이뤘어. 그동안 한강이나 개천에 떠 있는 다리는 봤어도, 도로 위에 세워진 육교가 낯설기도 하고 신기하기도 했던 거야. 육교 착공식에 서울시민 대표로 어린이 한 명, 노인 한 명과 김현옥이 함께 육교에 올라 커팅식을 했고, 육교에 올라와 보려는 사람들로 긴 줄이 만들어졌어.

뉴스와 신문에서도 일제히 서울시가 교통난을 해결하기 위해 육교를 세웠다는 기사를 실었고, 앞으로 사람들은 육교를 이용하라며 계도했어. 육교 설치 후에는 도로를 달리는 자동차 속도를 자랑하는 기사도 나왔어. 사람들은 도로를 건너기 위해 열심히 육교를 오르내렸지.

그 뒤를 이어 안국동 로터리 앞, 이대 입구 등 서울 번화가 10곳에도 육교가 세워졌어. 이후에도 서울 시내에는 계속해서 육교가 만들어져 해마다 30개 이상씩 생겨났어. 요즘도 보도블록 공사를 하면 시끄럽고, 복잡하고, 불편한데 해마다 육교 공사가 끊이지 않았으니 당시 서울 시민들은 어땠겠어? 1966년은 '육교의 해'라고 불릴 정도로 도로는 육교 공사로 몸살을 앓았어. 오죽했으면 언론에서도 서울특별시를 '육교시'라고 꼬집었을까.

육교뿐 아니라 서울은 거의 모든 곳이 도로 공사로 땅이 파헤쳐졌어. 전차를 철거하고, 지하도 23개와 고가도로 19개를 만들었어. 육교를 세운 지 4년 만에 서울에는 육교가 144개나 설치됐어. 그 이후로 20년 동안 육교는 전국에 총 2000여 개, 서울에만 260여 개가 세워졌어.

도로 풍경은 점점 달라졌어. 도로가 넓어지고 평평하게 변하면서 차들은 쌩쌩 달렸고, 사람들은 도로를 가로지른 육교를 오르내리는 불편을 감수해야 했지. 사람들이 몰리는 출퇴근 시간에는 길게 줄을 서 가면서 말이야.

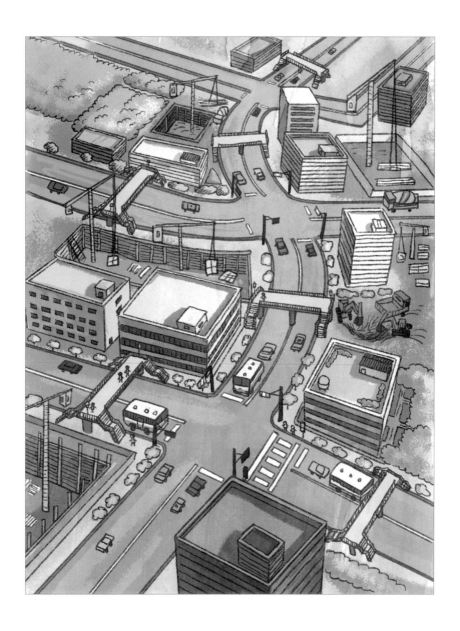

수많은 행인이 오가는 육교 위는
또 다른 삶의 현장이 되었다.

제2장 그땐
그랬지

서민들의 삶과 함께했던 육교

　사람들은 도로를 건너기 위해 하루에도 몇 번씩 육교를 올랐어. 지금은 도로마다 횡단보도가 있지만, 그때에는 도로에 육교밖에 없어 도로를 건너가려면 어쩔 수 없이 육교를 이용해야 했어. 힘들고 불편했지만 육교는 사람들에게 없어서는 안 되는 다리였어. 그렇게 오랜 시간 육교를 건너다니다 보니 익숙한 공간이 되었고, 삶의 자취와 추억이 만들어졌어.

　육교를 건너려면 먼저 계단을 올라가야만 해. 사람들은 기꺼이 육교 계단을 올랐어. 그러면서 계단을 오르내리는 불편을 재미있는 놀이 공간으로 슬기롭게 이용하기도 했지. 육교를 자주 이용한다면 한 번씩은 해봤을 거야. 가위바위보 계단 오르기. 가위바위보를 해서 이긴 사람이 한 계단씩 올라가서 육교 꼭대기까지 누가 먼저 오르나, 계단 아래까지 누가 먼저 내려가나 내기하는 놀이야. 아이들은 물론이고 어른들도 많이 했어. 어린아이를 데리고 오르는 부모는 아이 손을 잡고 하나, 둘, 셋… 숫자를 세면서 오르기도 했어. 힘들다고 징징대는

아이도 달래고 숫자를 가르치는 시간으로 활용한 거야.

육교 상판은 가끔 출렁다리가 되기도 했어. 육교의 하중 때문에 육교가 미세하게 흔들릴 때가 있거든. 그럴 때면 무섭다고 난간을 잡고 소리를 지르는 사람, 그런 모습이 웃겨 깔깔대는 사람, 아무렇지도 않다는 듯 그냥 지나가는 사람 등… 육교 위는 소란스럽지만 유쾌한 공간이 되기도 했어.

그러나 육교 계단은 몸이 불편한 사람이나 노인들에게는 여간 힘든 게 아니었어. 구부정한 허리를 하고 아픈 다리를 의지하며 계단을 올라가는 노인들은 몇 번씩 힘에 부쳐 철퍼덕 주저앉아 가쁜 숨을 내쉬어야 했어. 무거운 짐을 머리에 이거나 아이를 등에 업고 계단을 오를 때는 안 그래도 지친 몸이 더 힘이 들었지. 다리가 불편한 사람들은 아예 계단을 오를 수도 없었어. 리어카와 자전거, 휠체어를 탄 장애인은 말할 것도 없었지.

이렇게 다들 계단 오르기가 힘들다는 사실을 알기 때문에 육교는 남을 돕고, 배려하는 마음을 배울 수 있는 공간이기도 했어. 할머니가 육교를 오르면 너 나 할 것 없이 도움의 손길을 내밀었고, 행여 넘어질까 양손을 할머니 등에 대며 살피는 마음도 가졌어. 무거운 짐을 들고 있으면 내 짐처럼 나눠 들고, 몸이 불편한 사람이 앞에 있으면 자연스럽게 속도를 늦추며 올랐어. 유모차가 육교 앞에서 난감해하면 발걸음을 재촉했던 사람들도 함께 유모차를 들어주는 등 내 일처럼 나서서 도와주곤 했지.

무더운 여름 밤, 육교 아래는 시골 사랑방처럼 이색적인 풍경이 펼쳐지기도 했어. 지금처럼 집집마다 에어컨이 있지도 않고, 고작 선풍기 한 대로 가족 모두의 더위를 식혀야 하는 열대야에는 육교만한 곳이 없었어. 사람들은 돗자리 하나 들고 하나 둘 육교 밑으로 모였어. 육교 기둥 아래 돗자리를 깔고 앉아 부채질을 하고 있으면 누군가가 싸온 수박이며 옥수수, 감자를 나눠먹으며 더위를 식혔어. 아이들은 엄마 무릎에 누워 별을 세다가 엄마가 솔솔 부쳐주는 부채질에 스르르 잠이 들고, 어디선가 수다가 터지면 여기저기서 이야기꽃을 피웠지.

한낮에도 육교는 더위를 막아주는 그늘이 되어 주었어. 그늘진 육교 계단 아래 작은 평상이라도 놓여 있으면 더할 나위 없었지. 길 가다가 잠시 쉬어 갈 수 있는 공간이 되었으니까.

육교 위는 소박한 전망대이기도 했어. 육교 위에 서서 시원하게 달리는 차들을 보면 가슴이 뻥 뚫리기도 했어. 또한 육교는 약속 장소로도 많이 이용됐어. 지금처럼 핸드폰은커녕 마땅한 통신수단도 없던 때라 누구나 쉽게 발견할 수 있고 찾아올 수 있는 곳으로 육교만한 곳

한여름 밤, 동네 사람들은 육교 아래 모여 더위도 식히고 음식을 나눠 먹으며 이야기꽃을 피웠다.

이 없었기 때문이야.

"육교에서 만나."

이 한마디면 정확한 장소와 걸리는 시간까지 계산해서 만날 수 있었어. 몰라서 못 만나거나 하는 안타까운 일은 거의 없는, 확실한 이정표이자 헷갈릴 것 없는 약속 장소였던 거야. 게다가 멀리서도 기다리는 사람을 볼 수 있어서 두근거리는 설렘을 느낄 수 있는 특별한 곳이기도 했어.

이것 말고도 육교에서 맛볼 수 있는 또 다른 기쁨이 있어. 해질 무렵 육교에서 바라보는 노을이야. 확 트인 눈앞에 펼쳐지는 붉은 노을은 하루의 고단함을 싹 씻어줄 만큼 아름답고 근사했어.

육교 위에는 노점상인이 있었다

70, 80년대, 육교와 역 앞에는 유독 노점상인들이 많았어. 육교를 이용하는 보행자들이 끊이지 않다 보니 돈이 없어 점포를 구할 수 없는 사람들에게 육교는 물건을 팔 수 있는 맞춤 공간이었어.

아이들이 가지고 놀 수 있는 자질구레한 장난감을 비롯하여 채소와 과일, 인삼, 더덕도 팔았어. 옷이나 책을 파는 상인도 있었고, 가전제품을 파는 상인들도 있었어. 육교 노점상인들이 파는 품목은 적게는 10가지, 많게는 30가지 이상도 됐어. 약재를 파는 전문 시장에나 가야 볼 수 있는 통째로 말린 지네를 파는 상인도 있었고, 개를 파는 상인들도 있었어. 웬만한 시장을 능가할 만큼 다양한 물건들을 사고팔았던 거야.

노점상인들에게 넓고 큰 육교는 그날 하루 매상과 직결되기 때문에 매우 중요했어. 육교의 길이가 도로의 폭에 따라 달랐기 때문에 노점상인들은 되도록 사람들이 많이 오가는 넓고 큰 육교를 선호할 수밖에 없었지. 그만큼 자리다툼도 치열했어.

노점상인들 사이에서 자리다툼이 가장 치열했던 육교는 남대문 뒤에 있던 남대문육교였어. 1977년에 세워진 이 육교는 국보 제1호인 남대문을 비스듬히 바라보고 있었고, 서울에 오면 으레 올라가는 필수 코스였어. 게다가 남대문로와 남대문시장까지 8차선을 잇고, 남대문시장을 들어가려면 반드시 지나가야 하는 관문 같은 곳이라 하루에도 수천 명이 이용할 만큼 사람들의 통행이 많아서 노점상인들에겐 최고의 명당이었어. 뿐만 아니라 이 육교는 장사를 하기에 최적의 환경을 갖추고 있었어. 육교는 구조상 육교 난간 사이로 들어오는 바람 때문에 하루종일 앉아 있다 보면 겨울이 아니어도 한기를 느껴. 겨울에는 연탄불을 피워 추위에 언 손발을 녹이기도 하지만, 난간 사이로 몰아치는 바람은 시베리아 바람처럼 차고, 여름에는 그늘이 없어 뜨거웠어.

그런데 이 남대문육교에는 이런 바람과 햇볕을 막아주는 현수막이 늘 부착되어 있었어. 육교 난간에는 현수막이 바람에 펄럭이거나 떨어지는 것을 방지하기 위해서 나무 패널이 붙어 있어서 이 육교 노점상인들은 바람과 햇볕을 피할 수 있었어. 노점상인들에게 이보다 더 좋은 환경이 없었지.

육교 하면 떠오르는 또 하나가 현수막이야. 육교 난간은 현수막을 걸 수 있는 최적의 장소이기도 해. 도로를 달리는 자동차 안에서도 볼

수 있고, 육교를 이용하는 사람들에게도 쉽게 노출
되기 때문이지.

당시에는 국가의 위상을 알리고, 애국심을 고취시키는 용도로 육
교 현수막을 이용했기 때문에 언제나 현수막이 걸려 있었어. 쥐가 많
아 집집마다 쥐 때문에 골치를 썩을 때는 '일시에 쥐를 잡자', 인구 증
가로 산아제한을 해야 할 때는 '딸 아들 구별 말고 둘만 낳아 잘 기르
자', 국가의 성과를 알릴 때는 '수출 10만불 달성' 등의 현수막이 걸려
있곤 했어.

육교는 경제발전과 산업화의 상징이었다.
빠른 성장과 발전이 가져온 부작용은
사회 불평등, 지역 불균형 문제를 야기했다.

제3장 육교의 전성기

서울 도로의 증가

서울은 몇십 년 동안 쉬지 않고 도로 공사를 했어. 그 결과 1960년
에 1,337킬로미터였던 도로가 2000년에는 7,889킬로미터로 40년 동
안 5.9배로 늘어났어. 그중 3,852킬로미터가 1965년부터 1970년에 만

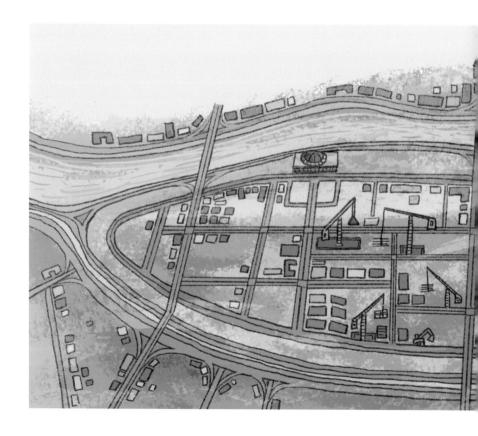

들어졌어. 5년이라는 짧은 기간 안에 서울 도로는 절반 이상이 변한 거야.

한강을 중심으로 강변북로가 건설되고 외곽도로가 생겼고, 경복궁을 중심으로 간선도로들이 만들어지고, 도로 주변에는 높은 상가가 지어졌어. 또한 이 기간에 서울 변두리 지역이 개발되면서 판자촌이 헐리고 그 자리에 아파트가 들어섰어.

현재 서울의 모습은 1966년 서울도시계획 때 이미 뼈대를 만들었

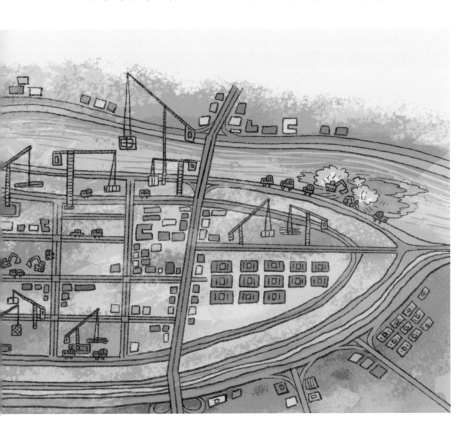

다고 해도 과언이 아닐 만큼 하루가 다르게 서울은 변화를 거듭했어.

도로가 새로 만들어질수록 자동차 수도 점차 늘었어. 1970년에 전국 자동차 보유대수가 20만 대에 불과했던 것이 1986년에는 50만 대를 돌파하고, 자동차 수출액 1억5,000만 달러를 달성하기도 했어. 자동차 수요도 기하급수적으로 늘어 90년대에는 100만 대를 넘어서 인구 10만 명당 100대 이상의 비율로 자동차를 소유하게 돼. 모두 고속도로가 생기고 서울 도로를 확충하면서 생긴 효과였어.

이 시기에는 경제 또한 고도성장을 이뤘어. 1964년 수출 1억 달러를 달성한 이래 13년 만인 1977년에는 무려 수출 100억 달러 달성이라는 위력을 보였어.

지역 불균형과 인구 증가

한국 경제가 이토록 빠른 기간에 높은 성과를 낼 수 있었던 것은 당시 정부의 추진력이 견인차가 되었지만, 무엇보다 국민들의 저력이 한몫했다고 할 수 있어. 그때의 대한민국 국민들은 가난을 극복하기 위해서라면 국가가 하는 일에 적극적으로 동조하며 참여했고, 인내했어. 그렇게 인내하고 희생하는 것이 애국심이라고 생각했지.

그러나 국민들의 삶은 애국심만큼 나아지지 않았어. 오히려 그 반대였지. 국민소득이 높아지고, 자동차 수요도 늘고, 논밭이었던 땅에 건물이 생기는 등 국가와 기업들은 나날이 변화 발전하고 성장했지만, 서민들의 생활은 그렇지 않았어.

여기에는 이런 내막이 있었어. 예를 들어 100명의 국민이 열심히 일해 수출을 해서 번 돈이 만 원이라면, 1인당 평균소득은 100원이야. 그런데 100명 중 10명이 9,000원을 가져가고 나머지 90명이 1,000원을 가지고 나누게 되면 어떨까? 수출해서 번 돈은 만 원인데 90명은 10원을 나눠가져야 하는 것이지. 당시 대한민국이 딱 그랬어. 그러다 보니 기업은 커졌지만 열심히 일한 국민들은 여전히 가난에서 벗어날 수 없었어. 국민의 일부만 잘먹고 잘살고 나머지는 고생을 해도 못사는 이상한 경제성장이 된 거야.

농촌은 문제가 더 심각했어. 경부고속도로가 생기면서 땅값이 오르는 바람에 땅을 빌려 농사를 지었던 사람들은 더 이상 농사를 지을 수 없게 됐어. 예를 들면, 작년에는 땅 한 평이 100원이었는데 올해에는 땅 한 평이 1,000원으로 폭등하는 현상이 일어난 거야. 그러면서 농민들은 더욱 가난해졌어.

여기에 대구, 부산을 비롯한 경상도 지역은 철도에 이어 고속도로

까지 생기는 등 집중적으로 개발되었는데, 전라도 지역은 고속도로는 커녕 이렇다 할 공업시설 하나 세워지지 않았어. 그러니 어땠겠어? 지역 간 심각한 경제 불균형 현상이 일어났지. 이것이 지금까지도 영남과 호남 간의 고질적인 지역감정으로 이어지고 있는 실정이야. 이렇듯 농촌에서는 가난한 농민들이 늘고, 개발에서 소외되면서 영농의 영세화는 물론 농촌 지역이 낙후되는 결과를 가져왔어.

반면 서울을 중심으로 한 대도시들은 빠르게 성장하면서 대규모 노동력이 필요했어. 하지만 경제성장이 지상 목표였던 만큼 당시 대한민국은 저임금 노동력이 필요했고, 일자리를 찾아, 희망을 찾아 고향을 떠나 서울로 몰려든 가난한 농어촌 젊은이들은 그 적합한 대상이었어.

그러면서 서울 인구는 기하급수적으로 늘어났어. 1955년의 서울 인구는 157만 4,868명이었어. 그런데 산업화가 본격적으로 시작된 1963년에는 325만 4,600명으로 늘었고, 1983년에는 920만 4,000만 명으로 20년 동안 인구가 무려 600만 명이나 증가했어. 전국 시도 17개 중에서 서울 면적은 605.2제곱킬로미터로 11번째로, 협소하지만 인구는 전국에서 제일 많았어.

늘어나는 인구를 감당하기 힘들었던 서울시는 급기야 '둘만 낳아 잘 기르자'라는 표어를 내걸고 인구 줄이기에 나섰고, 더 나아가 '하나만 낳아 잘 기르자'라는 표어를 대대적으로 홍보하며 산아제한을 권장하기까지 했어.

또한 서울시는 당시 강북에 몰려있던 도시 기능을 분산시키기로 했어. 허허벌판이었던 강남에 주택을 짓고, 학교, 도로, 상하수도를 만들어 인구를 분산하려는 계획이었지. 이것이 '강남도시개발계획'이었어.

이 개발계획으로 하루아침에 강남 일대는 부동산 열풍에 휩싸이게 돼. 자고 일어나면 집값이 오른다는 말이 나올 만큼 폭등을 거듭했지. 1963년부터 1979년까지 16년 동안 강북 지역은 땅값이 약 17배가량 오른 데 비해, 강남은 400원이던 땅값이 40만 원으로, 무려 1000배가 올랐어. 강북과 강남의 심각한 지역 불균형이 이때부터 시작된 거야.

도시개발은 도리어 집 없는 사람들을 양산했어. 이들은 비싼 집값을 감당할 수 없어 서울 변두리에 판자촌을 이루며 살았어. 서울시는 도시 미관을 개선하고 인구집중을 해소한다는 취지 아래 청계천과 용산을 비롯한 서울 곳곳에 있는 판자촌을 강제로 철거했어. 그러고는 경기도 광주에 있는 대단지로 이주시켰지. 그곳은 황무지인데다 일자리조차 없었어. 날품팔이로 연명하는 사람들이 대부분이었던 그들은 새로 이주한 곳이 아무것도 없고 일자리도 마땅치 않아 밥을 굶는 사람들이 속출했어.

한국 경제는 발전과 성장으로 거듭되는 성과를 이어왔지만 속도와 성과에만 집중한 결과 지역의 불균형, 소득의 불균형을 초래하면서 특정한 계층만 잘사는 나라가 되었어. 발전과 성과만을 위한 결과는 가난하고 소외된 계층, 노동자나 서민들의 인권은 무시되는 사회가 되고 말았어.

인권이 무시된 사회

산업화의 전성기였던 1970년, 80년대 도로는 '육교 전성기'라고 할 만큼 도로마다 육교가 세워졌어. 사람들은 도로를 건너려면 어쩔 수 없이 육교를 오르내려야 했지. 대신 차들은 쌩쌩 도로를 달렸어.

육교는 도로를 안전하게 건너라고 만들어졌지만, 그 구조는 보행자의 편리와 안전과는 거리가 멀었어. 잘 알다시피 육교를 건너려면 먼저 상판까지 이어진 최소 3~4미터 높이인 계단을 올라야 해. 그러고는 육교 상판을 지나 다시 3~4미터 계단을 내려와야 하는 불편을 감수해야 하지. 비가 오거나 눈이 내리면 바닥이 미끄러워 자칫 다칠 위험도 커. 계단의 경사도 늘 사고 위험이 도사리고 있어. 그때 만들어진 육교 계단의 경사도는 계단 기준치인 30도를 훨씬 초과하는 40도의 급경사로 되어 있었어. 겨울에 눈이라도 내려 얼거나 하면 3~4미터 높이의 급경사 얼음판이 만들어지는 셈이지. 실제로 보행자들은 눈이 내린 날에는 육교에 오르는 게 겁이 났어. 그런 날은 난간을 잡고 덜 미끄러운 곳을 찾아가며 올라야 해. 그러다 보면 자연히 다리에 힘이 들어가 건장한 남자들도 다리가 뻐근할 지경이지. 그렇게 조심해도 낙상사고는 끊임없이 일어났어. 그래서 겨울이면 노인이나 성인, 어린이 할 것 없이 병원에는 육교에서 넘어져 다친 사람들로 가득했어.

육교 난간도 문제였어. 추락 방지를 위해 세운 것이지만 높이가 1미터도 되지 않아 아래로 추락하는 아찔한 사고가 일어나기도 했거든. 보행자의 부주의를 떠나 구조 자체가 보행자의 안전에 위협이 되었던 거야. 이것은 발전과 성장만을 중시했던 그때 만들어진 거의 모든 육교의 문제점이기도 했어. 속도에 맞춰 만들다 보니 사람들의 안전은 무시된 채 중구난방으로 만들었기 때문이야.

그 결과 보행자의 낙상사고 말고도 어처구니없는 사고들이 일어나기도 했어. 그때 당시 1.5톤 화물차가 새로 출시되었는데, 짐칸이 육교에 닿는 일이 일어났어. 그러자 부랴부랴 육교 높이를 4.5미터 이상으로 높이기도 했어.

가파른 육교 계단은 일반 보행자들도 힘이 들었지만 노약자를 비롯한 유모차나 수레를 끄는 사람들, 자전거를 타는 사람들한테는 오히려 장애가 됐어. 특히 휠체어 없이는 이동이 불가능한 장애인들에게는 무용지물과도 같았어. 누구나 이용할 수 있어야 하는 육교가 누

구에게는 안전하게 도로를 건널 수 있는 권리마저 빼앗았던 거야. 그런 상황에 놓인 장애인들은 비장애인들보다 더 힘들고 위험하게 도로를 건너야 했어. 비장애인들이 1분이면 건널 수 있는 것을 장애인들은 보통 30분 이상의 시간을 낭비해가며 체력을 소모해야 했어. 이것은 당시 우리 사회가 장애인들에 대한 인식이 얼마나 부족했는지를 말해줘. 실제로 보행할 권리조차 무시당한 현실에 분노한 장애인이 휠체어에 매단 채 고공시위를 하기도 했어. 이런 처절한 모습은 개발과 발전에 가려 인권이 무시되었던 우리 사회의 단면을 잘 보여준다고 할

수 있지.

사실 육교 구조로 인한 문제는 처음 육교가 세워진 1967년부터 있었어. 이해에 가수 윤복희가 해외 공연을 마치고 귀국할 때 미니스커트를 입고 오면서 엄청 화제가 되었고, 곧 여성들 사이에서 크게 유행하게 되었어.

그런데 미니스커트 때문에 육교에서 문제가 발생했어. 그것은 바로 이화여대 앞에 있는 육교였어. 이 학교 학생들을 비롯해 여성들은 육교 계단을 오르내릴 때마다 치마 속이 아래 사람한테 보일까봐 신경을 써야 했고, 이로 인해 불쾌감을 느꼈어. 결국 이들은 '여성과 육교'라는 문제를 제기했고, 이 문제는 많은 사람의 공감을 얻어 국회에서도 논의가 되었어.

하지만 당시 김현옥 서울시장은 육교는 미풍양속에 반하지 않는 시설물이라며 일축해버렸고, 논의는 더 이상 진전되지 못하고 그대로 종결되고 말았어. 그때만 해도 여성에 대한 권익이 보장되지 않았던 거야. 그러면서 오히려 미니스커트를 입는 여성을 풍기를 문란하게 한다는 이유로 비방하고 폄하했어. 어처구니없는 상황에 놓인 학생들은 펄럭이는 치맛자락 때문에 뒤돌아 내려와야 하는 우스꽝스러운 현실을 비판한 촌극을 펼치기도 하고, 일부 학생들은 육교 거부 운동을

주도하기도 했어.

그 이후로 육교 계단 밑에서는 여성들의 치마 속을 훔쳐보려는 남자들이 서성거리는가 하면, 치마를 입고 계단을 오르는 여성들을 노골적으로 밑에서 쳐다보는 성추행이 버젓이 일어나기도 했어. 하루에도 몇 번씩 올라야 하는 육교 때문에 여성들은 불쾌감을 느껴야 했고, 온갖 피해를 감수해야 했던 거야.

1970년대 들어서면서는 아예 미니스커트 착용을 단속하고 통제하기까지 했어. 미니스커트가 사회풍속을 문란하게 하고 퇴폐적이라나. 지금 보면 정말 말도 안 되는 이야기인데, 이 당시에는 그것이 통용됐어. 경찰관이 길에서 무릎 위 20센티미터를 마지노선으로 두고 여성들의 치마길이를 쟀고, 위반하면 경범죄 처벌에 따라 단속 대상이 됐어.

또한 당시 정부는 청바지와 통기타, 생맥주, 장발 등 별걸 다 통제하고 단속했어. 청바지에 통기타만 들어도 반항아, 패륜아 취급을 하며 이런 모습을 한 젊은이를 사치와 낭비를 일삼는 세태라고 낙인찍고, 저질에다 유행만 좇는 현상이라며 폄하했어. 신문, 텔레비전, 영화, 주간지 등의 대중매체들이 청년들의 탈선을 부추기고 있다며 언론과 출판, 음반까지 단속했지.

정부가 이렇게 국민들을 단속하고 억압한 이유는 바로 저항하는 요소들을 통제하고 억압하기 위해서였어. 1970년대 내내 정부는 젊은이들을 퇴폐, 방종, 타락, 무질서, 사치, 허영 등의 단어로 규정하고 금기시했어.

육교는 바로 이런 시대에 만들어진 시설물이야. 그러니 육교를 온전히 사람들의 편의와 안전을 위해서 만들었다고 할 수 있을까?

'빨리빨리'가 만든 비극

빨리빨리!

한국어를 모르는 외국인도 알아듣는다는 이 말은 대한민국의 아픈 현대사를 반영하고 있어. 1970년대 우리나라는 경제발전을 위해서라면 안전은 뒷전이고 무조건 '빨리빨리'였어. 사람들도 이용해야 하는 도로는 자동차를 위해 육교를 만들었고, 그것도 모자라 사람들을 땅속으로 걸어 다니게 하는 지하보도도 만들었어.

서울의 광화문 사거리에 있는 지하보도는 1966년에 만들어졌어. 이 공사로 이 일대는 몇 개월 동안 매우 혼잡했어. 폭격을 맞은 것 같은 도로를 자동차나 사람들은 위험천만하게 다녀야 했고, 쉴 새 없이 날리는 흙먼지를 마셔야 했지. 안 그래도 혼잡한 광화문 사거리는 교통마비로 몸살을 겪어야 했어.

마침내 광화문 지하보도가 5개월 11일 만에 개통되긴 했는데, 완공한 지 6일 만에 천장에 금이 가고 물이 쏟아져 행인을 덮치고 바닥이 내려앉은 사고가 일어났어. 결국 보수공사를 했지. 그런데도 지하보도 공사는 명동, 남대문, 서울시청까지 강행했어. 사람은 도로에서도 밀려나 땅 속으로 쫓겨난 형국이 되었지. 이게 다가 아니었어. 도시 한복판에 차량만 다니는 도심 속 고속도로인 고가도로를 세웠거든. 1968년에 준공된 아현고가도로를 시작으로 71년에는 청계고가도로가, 75년에는 서울역고가도로가 준공되었어. 이후 1980년대 무렵까지 많은 수의 고가도로가 전국적으로 건설되었어. 고가도로는 성장과 속도를 중시했던 당시 분위기에 딱 들어맞는 도로였어. 자동차는 무조건 빨리 달려야 하고, 멈춰서는 안 된다는 인식을 가지고 있었기 때문에 차들의 원활한 진행을 위해서라면 어떤 장애물도 있어선 안 된다는 식이었지.

고가도로는 2000년대 초부터 대부분 철거되기 시작했어. 대부분 1970~1980년대 건설되어 시설이 낡은 데다 예전만큼 교통 순환에도 도움이 되지 못했기 때문이야. 교통 편의보다는 환경과 사람을 중시하게 된 사회 분위기도 한몫했지.

지금은 도시 한복판에도 공원이 있고 벤치를 비롯한 가로수도 많아. 그러나 그때는 도로를 넓히는 데 혈안이 되어 도심에는 사람들이 잠시 앉아 쉴 만한 벤치도, 가로수도 없었어. 자동차가 쌩쌩 잘 굴러가야 지상목표로 삼고 있는 경제성장을 이룰 수 있다고 보았기 때문에 사람을 위한 도로는 없었어. 불편했지만 육교만이 그나마 도로에서 사람들의 안전을 책임지고 있었던 거야. 그렇게 서울의 모습은 하루가 다르게 변해갔어.

졸속, 날림공사의 폐해는 눈부신 경제성장의 신화를 만든 경부고속도로에서도 드러났어. 경부고속도로도 빨리빨리 성과를 내려는 속도전으로 인해 눈부신 성장을 이룬 반면 이면에는 부실공사로 인해 해마다 막대한 손실을 떠안아야 했어.

졸속공사의 비극, 와우아파트

공사 시일을 앞당기는 빨리빨리 인식은 날림공사로 이어졌고, 결국 엄청난 사고를 초래했다. 희대의 날림공사로 기억되는 사고 가운데 대표적인 것이 와우아파트 붕괴 사고다.

1970년 4월 8일 오전 6시 40분경 아파트 한 동이 무너졌다. 와우아파트였다. 서울 마포구 창전동 와우산 일대에 건설한 서민 아파트였는데 김현옥 서울시장이 서울도시계획 차원에서 아파트를 건설하다가 일어난 사고였다.

서울도시계획에 탄력을 받은 김현옥 시장은 경사가 무려 70도가 되는 산비탈 모래 바닥에 아파트를 짓게 했다. 시세의 절반에도 못 미치는 평당 만 원으로 건물을 짓다 보니 공사 자재를 아끼기 위해 철근 70개를 넣어야 유지되는 기둥을 고작 5개 철근만 넣어 마감했고, 그 결과 완공 4개월 만에 한 동이 통째로 무너져 사망자만 33명, 부상자가 40명이나 되었다. 이 사고는 부실, 졸속, 비리 등의 온갖 부패로 얼룩진 대표적 사례로 기록되었다.

졸속공사와 무개념의 상징, 경부고속도로

1968년 새해, 경부고속도로 공사가 시작되었어. 1971년 6월 30일 개통 예정이었지. 그러나 당시 대통령이었던 박정희는 71년에 치러질 대선에서 재선을 하기 위해 갑자기 준공일을 1년 앞당기라는 명령을 내렸어. 서울과 부산을 잇는 고속도로 공사는 그 거리가 긴만큼 제대로 하려면 12년이 걸린다고 해. 그런데 그것을 무리하게 3년 안에 끝내는 일정으로 작업하고 있는데, 그마저도 줄여서 2년 만에 끝내라는 거였어.

작업자들은 휴일도 없이 하루 19시간 이상 일을 해야 했어. 더위와 추위 속에서도 야근과 잔업이 이어지는 강행군이었어. 작업량이 떨어지면 마치 군사작전을 펼치는 것처럼 철야 작업을 해서라도 정해진 날짜에, 정해진 작업량을 무조건 마쳐야 했어. 작업자들은 '빨리빨리'라는 말을 귀에 못이 박히게 들으며 쉴 없이 일했고, 무리하게 이어진 작업은 결국 사망자만 무려 77명이나 되는 비극을 낳았어. 그렇게 작업자들의 희생과 철야 작업 끝에 경부고속도로는 1970년 7월 7일, 시작한지 2년 5개월 만에 완공되었어.

하지만 급하게 서둘러 만든 경부고속도로의 후유증은 너무나 컸어. 겨울철에는 땅이 얼어붙기 때문에 부실공사를 방지하기 위해서라도 도로포장을 하지 않는 게 상식이야. 하지만 빨리 끝내 최고 권력자의 눈에 들고 싶었던 시장과 이것을 자신의 재선 기회로 이용하려는 대통령의 야욕은 언 땅 위에 휘발유를 뿌려 불을 지피면서까지 작업을 하게 했고, 결국 개통 이후 땅이 갈라지고, 꺼지는 만성적인 도로 부실의 원인으로 이어졌어.

무리한 완공을 위해 중앙분리대를 없앴고, 도로의 너비는 계획된 24미터에서 22.4미터로 좁혔고, 아스팔트 두께를 규격인 20센티미터에서 3분의 1 수준인 7.5센티미터로 서둘러 마무리했어.

416킬로미터 길이의 경부고속도로 공사가 2년 만에 마무리되면서 전 세계는 놀랐지만, 졸속공사, 날림공사라는 결과를 낳고 전체를 보수공사해야 하는 부끄러운 기록을 남겼어. 실제로 이후 경부고속도로 보수비는 해마다 건설비의 4배 가까운 1,600억 원이 발생했고, 보수공사 기간도 1990년 말까지 이어졌어. 요즘 같으면 국정감사를 해야 할 사안이지만 당시에는 '보안'과 '경제발전'이라면 무엇이든 묵인되었어. 이런 분위기는 문화재까지 훼손하는 부끄러운 행동도 눈감아줬어.

현재 서대문 독립공원 남쪽에 위치한 독립문은 중국 사신을 맞던 영은문을 허물고 그 자리에 지은 중국으로부터의 독립을 선언한 기념물이다. 원래 독립문 뒤로 보이는 성산고가 아래 있었으나 건립 취지를 무시한 개발 논리에 밀려 지금의 자리에 위치해 있다.

서대문구에 가면 우리나라 문화재인 독립문이 있어. 그런데 독립문이 있던 자리는 원래 그곳이 아니야. 우리의 독립문은 조선시대 중국 사신들을 맞으며 머리를 조아리던 영은문을 헐고, 그 자리에 세운 문이야. 국가의 자주권과 자존심이 이 문에 투영되어 있는 것이지. 그래서 일제시대에도 함부로 손대지 못하게 했던 문인데, 어처구니없게도 1970년대에 우리 손으로 옮겼어. 1979년 성산대로를 건설하고 금화터널과 사직터널을 잇는 현저고가도로를 만드는 데 독립문이 걸림돌이 된다는 이유였어. 그래서 독립문을 원래 있던 자리에서 북서쪽으로 70미터 떨어진 지금의 자리로 옮긴 거야.

한복판에 당당히 서 있던 독립문을 고가도로 때문에 옮긴 탓에 지금도 독립문은 서대문 쪽에서 보나 무악재 쪽에서 보나 한쪽에 숨듯이 비켜서 있어. 당연히 독립문 주변 경관도 망가졌지.

이런 부끄러운 일은 또 있어. 종로구 궁정동에서 세검정으로 가는 자하문길을 넓히기 위해 사적 제49호인 칠궁 일부를 헐기도 했어. 또 시청 옆 태평로를 넓힌다고 덕수궁 담을 헐어 뒤로 물러나게까지 했지. 원래라면 대한문은 10여 미터 앞이 정문이어야 해.

이렇듯 70, 80년대 서울 도로는 성장과 속도의 이름으로 문화재도 훼손해가며 만들어졌어.

평화시장과 사람들

    1970년대 한국은 신흥공업국들 중에서 가장 노동시간이 긴 나라였어. 그런데도 임금은 가장 오르지 않는 나라, 산업재해가 가장 많은 나라 가운데 하나였지. 특히 섬유산업은 당시 경제성장을 이끌었던 주역이자 효자였지만, 종사 노동자들은 저임금과 열악한 근로 환경에 시달렸어.

    1967년 우리나라 주 수출품은 면직물과 가발 등의 섬유제품이었는데, 때마침 미국과 일본에서는 이런 노동집약적 경공업이 사양산업이 되면서 면직물과 가발의 수출이 증가했어. 기업들은 여자들의 머리카락을 수집해 가발을 만들어 수출하고, 숭인동, 창신동 봉제공장과 경기도 인천, 부평에 있는 대기업 의류 봉제공단에는 물량을 맞추기 위해 노동자들이 야간작업을 하며 열심히 옷을 만들었어.

    이런 노력에 힘입어 면직물만으로 수출액 1억 달러를 돌파하는 기록을 세웠고, 이는 대한민국 산업발전의 물꼬를 텄어. 이에 활력을 찾은 봉제공장들은 정부가 정해놓은 섬유수출 목표를 맞추느라 노동자들을 닦달했어. 그런데 그 목표량이 노동자들이 24시간 쉬지 않고 일을 해야 가능한 거였어.

평화시장은 봉제공장이 가장 많이 밀집해 있던 곳이야. 여기에만 봉제공장 노동자가 2만여 명이나 되었어. 그중 90퍼센트는 14살에서 24살의 어린 여성들이었어. 국가는 그들을 '산업역공'이라 추켜세우며 밤낮없이 일하라고 독려했어.

그러나 작업환경과 근무조건은 비인간적일 정도로 열악했어. 환기장치는커녕 햇빛조차 들지 않는 세 평 남짓 비좁은 공간에서 밤낮없이 미싱을 돌리고, 그것마저도 쪼개서 그 위에 다락을 만들어 작업공간으로 사용했어. 한 공간을 다락까지 만들어 두 공간으로 만들어 사용했으니, 허리 한 번 제대로 펴지 못할 정도로 비좁았지.

창문도 없는 열악한 공장 안은 옷감에서 나오는 포르말린 냄새와 섬유에서 나는 먼지로 가득했어. 더욱이 2천여 명이 사용하는 건물에 화장실이 달랑 3개밖에 없었어. 열악한데다 위생이라고는 찾아볼 수 없는 환경에 노출된 어린 여성 노동자들은 폐결핵과 방광염에 시달렸어. 그런데도 하루 14시간을 꼬박 일한 대가는 고작 월급 1,800원, 많으면 3,000원 정도였어. 당시 책 한 권이 500원인 것을 감안하면 한 달 동안 쉬는 날 없이 일한 월급이 고작 책 두세 권 값밖에 되지 않았던 거야. 이곳에서 봉제공장 노동자로 일했던 고 전태일 열사는 이러한 현실을 개선하고자 분신을 통해 저항했어.

의류섬유산업은 1970년대까지 수출액의 30퍼센트를 차지할 만큼 인기가 좋았어. 1970대 말 중화학공업 수출이 증가하면서 의류섬유 산업은 효자 자리를 놓치게 되지만, 1980년대에는 평화시장, 동대문 시장 일대는 의류 시장의 새로운 메카로 떠올랐어. 당시 전국의 도소 매 상인들은 매일 남대문, 동대문, 평화시장에 와서 옷을 사다가 팔았 어. 그러다 보니 이들 시장은 늘 이른 새벽부터 밤까지 하루 종일 물건 을 사고파는 상인들과 사람들로 발 디딜 틈 없이 붐볐지. 시장 주변 도 로도 사정은 비슷했어. 시장 출입구는 말할 것도 없고 계단마다 옷더 미와 원단이 천장까지 쌓일 정도였으니까.

그러나 아무리 시장과 상가 안이 사람들로 붐벼도 돈 없는 가난한 사람들에게는 그림의 떡이었어. 그런 이들에게 소중한 틈을 내어준 것이 바로 육교야. 육교는 자릿세가 없어 돈 없는 사람에게는 최적의 장소였어. 남대문, 동대문, 평화시장 주변에는 다른 곳에 비해 육교가 많았고, 새벽부터 하루 종일 시장을 이용하는 사람들로 북적거렸기 때문에 노점상인들이 몰렸어.

노점상인들은 육교 위 양쪽으로 자리를 잡고 앉아 물건을 좌판에 깔고 팔았어. 육교 계단에도 자리를 폈지. 그러고도 자리가 없으면 육교 아래에 있는 보도까지 노점상인들이 줄지어 앉아 장사를 했어. 간혹 노점상인들 간에 자리다툼이 벌어지기도 했어. 좋은 자리는 수입과 직결되기 때문에 민감할 수밖에 없었지. 그래서 어떤 육교는 일찍 오는 순서대로 자리를 차지하기도 하고, 노점상인들끼리 자릿세를 받아 좋은 자리를 양도하기도 했어. 그래도 점심때가 되면 서로 싸온 도시락을 꺼내 먹으며 서운함을 풀고, 다음날 아침이면 다시 반갑게 인사하고 만났어. 모두가 고되고 힘든 생활을 하는 처지임을 뻔히 알고 있으니까.

육교는 가난한 노점상인의 생계를 잇게 한 삶의 소중한 터전이었어.

평화시장을 활보했던 지게꾼

동대문, 남대문 의류 상가에는 낮부터 새벽까지 제주도, 부산, 전국 각지에서 관광버스를 대절해서 물건을 사러 온 상인부터 일반인들로 불야성을 이루었다. 1층부터 위층까지 각종 의류와 액세서리를 파는 가게에는 손님들로 만원이었고, 상가 주변은 버스터미널 주차장처럼 수많은 관광버스가 주차되어 있었다.

시장 주변 보도에는 각종 음식을 파는 포장마차들이 환하게 형광등을 켜고 손님을 반기고, 북적대는 사람들 사이로 차곡차곡 쌓인 쟁반을 머리에 이고 식사 배달을 하는 진기한 모습도 볼 수 있었다.

그 가운데 지게를 메고 배달을 하는 지게꾼이 있었다. 지게꾼은 자전거나 수레가 오를 수 없는 육교를 오르내릴 수 있어 의류 원단이나 의류 배달까지 도맡아 했다.

지게꾼은 지게를 메고, 그 위에 자신의 키를 훌쩍 넘긴 짐을 싣고 한 손에는 지팡이를 들고 "어이, 어이" 소리를 지르며 시장골목과 육교를 요리조리 비집고 다녔다. "어이, 어이" 소리는 짐이 사람과 부딪친다며 보행자들에게 조심하라는 경고인데, 자칫하다 방심하면 난데없이 툭 하고 맞기도 했다. 그 충격이 얼마나 큰지 성인 남자도 휘청거리거나 타박상이 생길 정도였다.

지게꾼은 맨손으로 올라도 힘든 육교 계단을 무게가 수십 킬로그램이나 되는 무거운 짐을 지고도 계단을 두세 계단씩 성큼성큼 오르며 하루에도 수십 번씩 오르락내리락했다.

그러나 시장 주변 육교가 사라지면서 지게꾼은 제일 먼저 사라졌다.

노점상 철거

1980~90년대 육교 주변에는 노점상인 말고도 포장마차가 있었어. 육교가 주로 학교 근처나 사람들이 많이 다니는 곳에 위치하다 보니 그곳을 중심으로 자연스럽게 포장마차가 들어섰던 거야. 학교가 끝나고 집으로 돌아가는 길, 떡볶이, 오뎅, 튀김, 순대 같은 분식을 저렴하게 먹을 수 있는 포장마차의 유혹은 피하기 힘들었어. 매콤한 떡볶이에 오뎅국물, 튀김 한 접시면 세상을 다 얻은 듯 마냥 행복했지.

포장마차는 전철역 주변에도 빼곡했어. 일과를 마치고 퇴근하는 사람들이 따뜻한 우동 한 그릇으로 요기도 하고, 등받이 없는 의자에 앉아 포장마차 주인과 이야기도 나누는, 소소한 즐거움을 느낄 수 있는 편안한 공간이었어.

그런데 그런 포장마차와 노점상이 1986년에 한꺼번에 사라졌어. 도시정비사업 때문이었어. 당시 정부는 도시 미관을 해치는 시설을 없애고, 사회정화를 하겠다는 방침을 세우고 거리에 있던 노점상 3만 339개를 일제히 철거했어. 그 가족들의 삶도 송두리째 잃고 말았지.

그 배경에는 군부독재자였던 전두환이 있었어. 1980년 광주 사태를 일으켜 정권을 잡은 전두환은 5·18광주민주화운동을 무마시키고, 국민들을 통제하기 위해 국제적인 행사들을 개최하는데 열을 냈어. 민주화를 원하는 국민의 갈망은 안중에도 없이 미스유니버시아드대회나 IMF(국제통화기금)총회, 86아시안게임, 88서울올림픽 등 국제적인 행사를 개최했어. 그러면서 국제행사에 볼품없는 서울의 모습을 보여주기 창피하다며 길거리 노점상과 포장마차를 철거하고 단속을 강화했어. 특히 서울올림픽을 앞두고는 단속의 수위는 더 높아졌어. 철거 단속반을 따로 고용해 단속하고 철거했는데, 이들은 백주대낮에 쇠파이프로 리어카와 집기류를 부수는 일도 서슴지 않았어.

노점상 외에 서울 곳곳은 철거민, 노숙자들을 일벌백계한다고 대대적인 단속이 이뤄지기도 했어. 무연고자나 노숙자들을 잡아다가 강제수용시설에 몰아넣었고, 서울 달동네 200여 곳에 살던 주민들은 하루아침에 살던 집에서 쫓겨나 거리로 나앉아야만 했어.

1983년부터 서울올림픽이 열린 1988년 동안 진행한 재개발사업으로 4만 8,000동의 건물이 헐렸고, 72만 명이 철거민 신세가 됐어. 시민들에게는 비인간적이고 강압적인 규제와 단속을 '거리질서확립, 도시환경정화'라는 공익 캠페인으로 합리화시켰지.

자동차 중심의 도로는 운전자, 보행자에게
잘못된 안전 의식을 키웠고,
결국 '무단횡단 공화국'이라는 불명예를 낳았다.

제4장 **육교의 추락**

교통사고, 무단횡단 증가

1970년대만 해도 260달러였던 대한민국 국민소득은 1988년에는 4,460달러로 약 17배 증가했어. 도로 위 자동차 수도 늘었고, 과거 논밭이었던 땅에는 건물과 빌딩, 아파트가 들어서고 올림픽도 치른 나라가 되었지. 누가 봐도 경제성장을 이룬 성공한 나라로 변했지만, 도로에서는 아찔한 일들이 벌어졌어.

도로 위 자동차들은 경적을 울리며 마구 달렸고, 사람들은 자동차들 사이를 곡예를 하듯 건넜어. 걸음이 느린 노인은 말할 것도 없고 빨간불이 켜져도 도로를 질주하는 사람들로 도로는 늘 불안불안해. 통계에 따르면 1970년에 37,243건이었던 교통사고가 79년에는 113,927건으로 약 11배나 늘었어. 자동차 50만 대를 돌파한 1988년에는 무려 225,062건으로 79년보다 2배나 더 늘었지. 교통사고 사망자 또한 79년에는 6,006명에서 88년에는 11,563명으로 증가하는 심각한 상황이 됐어.

경제는 짧은 기간 동안 초고속 성장을 이룩했는데 왜 도로 위 교통사고는 연속해서 증가했을까? 그 이유는 여러 가지가 있지만, 그중에서도 가장 큰 이유는 도로에 대한 사람들의 잘못된 인식 때문이라고 할 수 있어.

　1966년 처음 서울도로계획을 세울 때 도로는 자동차의 흐름을 원활하게 하기 위한 구조물이었어. 사람들은 도로 대신 육교, 지하보도 등을 이용해야 했지. 이 같은 조치는 결과적으로 도로를 자동차의 전유물처럼 인식하게 했어. 고가도로, 터널 등의 건설은 이런 의식을 더욱 강화했지.

　세월이 흐르고 국민소득이 증가하면서 차들도 늘고 도로는 더욱

안전 의식에 대한 불감증은 보행자의 무단횡단과 운전자의 난폭 운전으로 나타났고, 이는 해마다 교통사고 사망자가 증가하는 상황을 초래했다.

복잡해졌어. 그런데 70년대부터 오랫동안 도로의 주인이 자동차라는 인식이 이어져오다 보니 도로는 자동차의 전유물처럼 되었고 차가 먼저라는 잘못된 인식을 심어주었어.

보행자가 이용하는 육교 역시 노약자나 장애인 같은 사회적 약자를 고려하지 않은 구조로 만들어졌고, 이 때문에 육교는 불편하다는 인식을 갖게 했어. 이는 미성숙한 시민의식과 결부되어 부추겨졌고 결국 무단횡단으로 이어져 교통사고가 끊이지 않고 일어나는 원인이 된 거야.

지금은 도로체계가 자동차 중심에서 사람 중심으로 변하고 있고, 법과 규칙으로 규제하면서 시민들의 안전 의식도 변했지만, 육교가 우후죽순으로 생길 때에는 성장과 발전 논리에 밀려 보행을 할 권리조차 무시되었어. 그러다 보니 안전에 대한 의식이 우리 사회에 제대로 뿌리내리지 못했어. 자동차들이 시속 80킬로미터로 달리는 올림픽대로를 무단횡단 하는 사람도 있으니 말 다했지. 특히 버스와 자동차들이 엉킨 복잡한 터미널, 시장, 백화점 주변에서도 무단횡단을 하는 사람들을 많이 볼 수 있어. 당연히 무단횡단으로 인한 사고가 끊이지 않고 일어나지. 주택가 한적한 도로에서도 무단횡단로 인한 사고가 끊이지 않고 일어나는 실정이야.

실제 무단횡단으로 인한 사고 사망률 통계를 보더라도 1970년에 534건에서 79년에는 1,109명으로 2배 증가했고, 89년에는 1,371명으로 증가했음을 알 수 있어. 도로는 교통사고의 온상지가 됐어.

※출처: 서울시 통계서비스

자동차 중심 도로의 폐해

자동차가 증가하면 교통사고도 당연히 증가하는 걸까?

꼭 그렇지만은 않아. 1970년에는 우리나라 인구 1,000명당 자동차 보유대수는 11대였지만 교통사고는 오히려 증가했어. 반면에 2018년은 2.2명당 자동차 1대를 보유하고 있지만 교통사고 사망자 수는 1970년대보다 적어.

그 이유는 1999년부터 자동차 중심에서 사람 중심으로 도로체계를 전환하기 시작했는데, 그와 동시에 도로안전 의식에 대한 교육을 꾸준히 진행했기 때문이야. 2018년은 그러한 결과가 실제 수치로 나타난 거였지. 다시 말해서 안전 의식이 있고 없고가 교통사고와 밀접하다는 얘기야.

유럽 국가들은 해마다 OECD 국가 중에서 교통사고 사망자가 제일 적어. 그 이유 역시 안전에 대한 시민들의 인식 때문이었어. 이들 국가에서는 사람이 도로를 건널 때는 무조건 차들은 멈춰야 해. 고속도로가 아닌 일반도로에서는 천천히 서행해야 해. 물론 보행자를 보호하기 위해서지.

유럽과 달리 우리나라는 처음부터 도로계획이 자동차 중심으로 설계되었고, 그러면서 해마다 수십 개의 육교가 세워졌어. 그 결과 무단횡단 하는 사람들이 늘어나고 결과는 '무단횡단사고 공화국'이라는 불명예를 얻었어. 이런 결과에 당황한 정부는 1984년에 무단횡단을 하는 사람들을 무법자로 처벌한다는 방침을 내렸어.

무단횡단 단속은 1974년 박정희 정부 때에도 시행했었어. 올바른 시민의식을 길러야 한다며 무단횡단을 하는 시민들을 무더기로 붙잡아 구류 처분을 받게 하거나, 벌금을 물게 하는 등의 강도 높은 단속을 했지. 그리고 10년 후인 1984년 전두환 정부 때에도 비슷한 방침을 내린 거야. 교통사고의 원인을 다각도로 파악하고 해결하려는 의지와 노력 대신 그 원인을 보행자인 사람들에게서 찾고 위반하면 처벌한다며 강력한 단속을 한 것이지. 실제로 무단횡단을 한 사람들은 잡아서 정신교육이라는 명목으로 도로 한가운데 '보행위반자' 또는 '거리질서 교육장'이라는 구획 안에 집어넣었어. 트럭 위에 세워 지나가는 사람들의 구경거리로 만들기도 했지.

86아시안게임과 88올림픽 개최를 앞두고는 이러한 비인간적인 거리 단속을 더욱 강력하게 펼쳤어. 도로 곳곳에 경찰들이 숨어 있다가 무단횡단 하는 사람을 쫓아가 과태료(일명 딱지)를 부과하는 처벌이 일상적으로 벌어졌어. 무단횡단 하는 사람이 문제지만, 이 같은 단속은 근본적인 문제해결책이 될 수 없어.

　시민단체들을 중심으로 몇몇 정치인이 자동차 중심의 도로가 사람들을 무법자로 내몰고 있다며, 장애인과 사회적 약자를 고려하지 않는 육교나 지하보도가 무단횡단을 종용하는 거라고 항의했어. 그러면서 육교 주변에 횡단보도가 설치되기 시작했어.

애물단지가 된 육교

횡단보도가 생기자 사람들은 육교를 멀리 했어. 육교 주변에 횡단 보도가 있는데 굳이 육교를 이용할 이유가 없었지.

육교는 점점 횡단보도에 밀려 외면 받는 처지가 됐어. 설치된 지 오래된 육교는 낡고 녹슬기 시작했어. 사람들이 이용하건 이용하지 않건 육교는 계속해서 보수, 수리를 해야 해. 그러다 보니 사람들이 잘 이용하지 않는 육교는 혈세를 낭비하는 애물단지 취급을 받았어.

사람들의 이용이 뜸한 육교는 무용지물이 되어 오가는 사람들의 눈살을 찌푸리게 했어. 그것은 도시에 대한 사람들의 인식 변화뿐만 아니라 육교를 다시 생각해 보는 계기가 되었어. 육교는 도시 경관을 해치는 주범으로 인식됐어.

이런 인식은 1999년부터 서서히 일기 시작한 도로에 대한 인식과도 연관이 있어. 자동차 중심이었던 도로를 보행자 중심으로 바라보기 시작한 것이지. 무엇보다 무단횡단으로 인한 교통사고의 증가가 가장 큰 이유였어. 30여 년 간 산업발전 뒤에 가려졌던 사람의 생명과

안전에 대한 인식이 개선되기 시작한 거야.

그런 변화의 시작이 1999년 서울 도심에 있던 육교들을 없애는 일이었어. 더불어 고가도로도 철거되기 시작했지. 고가도로는 도시의 경관과 미관을 해칠 뿐더러 건물의 일조권을 방해하고, 소음과 공해를 유발하며, 막대한 보수비용은 물론 낡아서 시민의 안전을 위협한다는 진단이 꾸준히 제기되어 왔어.

2002년 떡전고가도로를 시작으로 2003년 청계고가도로 등 2014년까지 고가도로 7개가 철거되고, 서울역고가도로는 도심의 숲으로 재탄생했어. 고가도로가 철거되면서 서울 도심에 있던 육교도 철거되어 2019년에는 79개만 남았어. 그렇게 전국 2천 개에 달했던 육교가 760여 개로 줄어들었어.

서울역고가도로의 부활

1970년에 개통된 서울역고가도로는 당시 봉제공장이 많았던 만리동과 청파동에서 남대문시장까지 물건을 싣고 나르던 도로였다.

오랜 시간이 흐르면서 서울역 주변은 철길을 중심으로 동과 서로 분리되어 동쪽인 남대문시장 주변 명동과 서쪽인 만리동 주변은 지역 간 경제 발전의 차이가 벌어졌다. 고가도로로 인해 차량이 거의 다니지 않는 만리동 주변 지역은 70, 80년대에 멈춰버린 것 같았고, 반면 남대문시장을 비롯한 퇴계로 방면은 명동을 중심으로 상권이 형성되면서 땅값도 천정부지로 올랐다.

고가도로 철거가 한창일 때 서울역고가도로 또한 이러한 지역 경제 불균형 문제와 노후 문제가 불거져 철거가 논의됐다. 그러나 서울역고가도로는 철거 대신 삭막한 서울 도심에 공원으로 활용하기 위해 복원하기로 했다. 그렇게 서울역고가도로는 '서울로 7017'로 다시 태어났다.

'서울로 7017'은 서울역고가도로가 만들어진 1970년의 '70'과 공원사업을 완료한 2017년의 '17', 그리고 고가와 이어지는 길이 17개 있음을 뜻한다. 1킬로미터가 조금 넘는 이 공간에 시민들을 위해 식물과 놀이 공간, 족욕탕, 벤치 등을 설치하여 도심 속 쾌적하고 즐거운 도심공원으로 거듭나게 했다.

도로는 변화 중

육교가 사라진 자리에는 횡단보도가 생겼어.

사실 시민단체에서는 1993년부터 6년간 서울의 중심부며 사람의 이동이 가장 많은 광화문 사거리에 시민들의 편의와 안전을 위해 횡단보도를 설치해 달라고 서울시에 호소해 왔어. 하지만 자동차의 흐름을 방해한다는 이유로 매번 거절 당했지. 그러다가 1999년에 광화문 사거리에도 드디어 횡단보도가 생겼어. '걷고 싶은 거리가 아닌 걸을 수 있는 도시에서 살고 싶다'는 시민의 바람을 받아들인 거야.

그 뒤로 도로는 점점 사람이 이용하기 편한 도로로 변해갔어. 장애인들이 보행하기에도 편하게 도로 높이를 조절하고 육교에도 휠체어가 오를 수 있게 정비했어. 도로 한복판에 시민들을 위한 광장도 들어섰어. 교차로마다 횡단보도가 설치되고, 교차로가 아니어도 횡단보도가 필요한 곳이라면 어디든지 생겼어. 도로는 더 이상 자동차의 전유물이 아닌, 사람과 함께 이용하는 공간이 되었지.

그러나 도로환경이 보행자의 편의를 위한 시설로 변해도 교통사고

도로 안전 의식 개선과 교통사고 사망자 수의 변화

구분	교통사고건수	사망자수
1998	239,721	9,057
1999	275,938	9,353
2000	290,481	10,236
2001	260,579	8,097
2002	231,026	7,222
2003	240,832	7,212
2004	220,755	6,563

※ 출처: 교통사고분석시스템(TAAS)

는 생각만큼 줄어들지 않았어. 육교처럼 계단을 오를 필요가 없고, 신호등이 켜지기를 기다렸다가 건너기만 하면 되는 횡단보도가 생겼는데도 여전히 무단횡단으로 인한 교통사고가 줄지 않았어. 오랫동안 몸에 밴 의식과 습관이 하루아침에 변할 수 없었던 거야. 운전자, 보행자 모두 말이지.

도로 인식에 대한 시급하고도 획기적인 개선이 필요했어. 정부는 교통문화를 개선하기 위해 교통 위반 차량을 집중적으로 단속하고, 무단횡단 하는 보행자들도 집중 단속했어. 과거 교통사고의 원인을 보행자에게만 돌리던 것에서 벗어나 차량의 과속과 신호위반도 단속을 강화했어. 방송에서도 교통문화 인식의 변화를 위해 교통 캠페인을 대대적으로 펼쳤지.

보행자 중심의 도로환경을 만들기 위한 노력들도 이어졌어. '차 없는 거리'가 그것인데, 서울 안국동, 종로, 대학로, 신촌, 홍대를 비롯하여 부산 광안리 등에서 시행했어. 이곳에서는 주말이면 해당 도로에 진입하는 차량을 통제하여 사람들만의 공간으로 되돌려줬어. 그날만큼은 사람들이 도로의 주인이 되었지.

'차 없는 거리'는 도로가 사람과 자동차가 함께 공유하는 공간이며, 보행자를 걸림돌이 아닌 보호해야 하는 공간이라는 인식을 심어주는 계기가 됐어. 그 결과 왼쪽 도표에서 확인할 수 있듯이 교통사고 사망자 수가 2000년에 10만 명이 넘었는데, 점점 줄어들더니 2004년에는 6천여 명으로 줄었어. 인식 개선의 변화가 교통사고 감소라는 매우 고무적인 결과로 나타난 거야.

낡고 오래된 육교를 새롭게 복원하는 일은
허물어 없애거나 새로 만드는 것보다 가치 있고 효율적이다.
역사의 흔적을 보존하고 우리의 안전을 지키는
최선의 방법이기 때문이다.

제5장 **육교의
재발견**

살아남은 육교들

종로구 세검정로 삼거리에는 삼거리를 잇는 육교가 있어. '신영로 타리육교'라 불리는 투박하고 오래된 철재 육교야. 1994년에 지어져 평창동과 신영동, 부암동 삼거리를 연결하는 다리 역할을 톡톡히 해 왔지. 삼거리를 모두 잇는 육교답게 길이 또한 웬만한 육교보다 2~3배 긴 110미터짜리야.

2018년에 이 육교 역시 존폐 여부를 두고 지역 주민들 간 공방이 벌어졌어. 결론부터 말하면, 이 육교는 철거되지 않았고 새롭게 재탄생했어.

보통 육교는 세워진 지 10년 이상이 되면 2년마다 안전등급 심사를 받고 남길지, 철거할지를 검토해. E등급이 나오면 철거고, D등급이 나오면 주민들의 결정에 따라 철거 또는 보수를 하게 되지.

신영동육교 역시 2017년에 심사를 받았고, D등급 판정을 받아 존폐 여부의 갈림길에 놓였어. 일반적으로 안전등급 D가 나오면 거의 90퍼센트가 철거 쪽으로 의견이 모아진다고 해. 이용하기도 불편한데 해마다 보수비용을 들이면서까지 보존할 필요가 없기 때문이지.

신영동육교 또한 이런 이유로 철거 위기에 놓였어. 그런데 철거 못지않게 유지를 원했던 주민들의 의견도 만만치 않았어. 가장 큰 이유는 '안전'이었어. 이 육교를 이용하는 주민 90퍼센트가 육교 인근에 있는 세검정초등학교 아이들이었던 거야. 학교와 학생, 학부모들이 아이들의 안전을 위해서 철거하면 안 된다고 나섰어. 워낙 차량 통행이 많은 데다 보행자가 이용하기에 불편하고 복잡한 도로였기에 횡단보도는 오히려 사고 위험이 크다는 거였어.

반대로 철거를 원하는 쪽은 이용에 따른 불편함과 조망권 침해를 이유로 들었어. 실제로 이 육교 때문에 주민들은 인근에 횡단보도가 없어 마을로 들어가려면 수백 미터를 돌아가야 하는 불편을 겪고 있었어. 육교 주변에 있는 가게들은 육교 때문에 가게가 가려 영업에 간접적인 피해를 입고 있었어.

양쪽 의견이 어찌나 팽팽한지 전문가를 초청해 청문회까지 열 정도로 열기가 뜨거웠어. 그리고 마지막 설전과 투표 끝에 육교는 그대로 두기로 했어. 편리보다는 아이들의 안전이 우선이어야 한다는 데 뜻이 모아진 거야.

이렇게 살아남은 신영동육교는 '자하담 이야기'라는 육교로 재탄

생했어. 자하담은 예로부터 이 일대를 일컫던 '자하(자줏빛 노을이 지는 땅)'라는 말에 '사람들의 이야기'라는 의미를 담았어. 이 모든 작업은 세검정초등학교 아이들 92명과 이곳에 거주한 문화 예술인들이 참여하여 만들었어. 오래전부터 이 육교를 이용했던 사람들과 앞으로 이용할 사람들이 함께 힘을 모아 과거와 현재가 공존하는 새로운 육교로 재탄생하게 된 거야.

이처럼 육교를 철거하기보다 새롭게 복원하는 일은 다른 나라에서도 활발하게 이뤄지고 있어.

네덜란드의 로테르담에는 광장 위를 이은 노란 육교가 있어. 루크 싱육교인데, 독특하게도 나무로 만들어져 있어. 로테르담의 호프플레인 거리는 유명한 번화가였어. 그러나 1999년에 철길과 8차선 도로가 생기면서 사람과 이어지는 길이 끊어지고 말았지. 사람들이 다닐 수 없으니 주변 상가들은 침체되고, 8차선 도로에 밀려 기존에 있던 주변 도로는 관리가 소홀해지고, 교통정체도 심해져 인근 지역은 점점 낙후되어 갔어. 그러자 로테르담시는 육교 건설과 지역 재정비를 포함한 도시개발종합계획을 발표했는데, 예산 부족과 의견 조율이 어렵다는 이유로 무려 30년 후에나 가능하다는 의지 없는 내용이었어. 시의 기약 없는 약속에 빈 건물은 늘어만 갔고, 사람의 이동이 줄어들자 거리는 범죄의 도시로 전락해갔어.

그러던 어느 날, 이런 상황을 맥 놓고 바라볼 수만 없었던 어느 건축사무소에서 로테르담 시민들에게 제안을 했어. 바로 '내가 만드는 로테르담' 프로젝트였어. 그것은 시민들이 육교 건설에 필요한 자금을 모아 시민들 손으로 육교를 짓자는 거였어. 대신 모금에 참여한 시민들은 육교 상판에 이름과 메시지를 새길 수 있게 했지.

시민들의 참여는 매우 뜨거웠어. 세 달 만에 8천 명이 참여했고, 10만 유로(한화 약 1억 3천만 원)가 모아졌어. 지역을 살리기 위해 시민들이 자발적으로 나선 결과였지. 그러자 30년이 걸린다며 늑장을 부리던 시가 시민들의 적극적인 활동을 응원한다면서 4백만 달러(한화 45억 원)를 지원했어.

시민의 자발적인 참여로 마련한 재원으로 로테르담 호프플레인 거리는 육교 건설은 물론이고, 낙후된 주변 공간까지 새롭게 탄생했어. 단 3년 만에 이룬 결실이었어.

이렇게 탄생한 루크싱육교는 너비 3.3미터, 길이 350미터인 나무 17,000개로 만들었어. 바닥도 노란색으로 색칠을 했고, 나무마다 모금에 참여한 사람들의 이름과 메시지를 새겼어. 뿐만 아니라 이 육교 아래는 특이하게도 도로가 아닌 공원이 있어. 이것만 봐도 루크싱육교가 얼마나 사람을 중심으로 생각하고 만들어졌는지 알 수 있지. 대신 자동차들은 사람들이 주로 이용하는 도로와 떨어진 자동차 전용도로에서만 달릴 수 있게 했어. 사람의 길과 자동차의 도로를 명확하게 구분한 거야. 사람들이 이용하는 공간은 안전하고 쾌적해야 한다는 인식이 만들어낸 결과라고 할 수 있어.

스위스 취리히의 육교시장 역시 새롭게 재탄생한 육교야.

스위스 취리히에는 아주 특별한 건물이 있어. 고전적인 멋이 느껴지는 검은 빛깔 벽돌로 된 아치형 상점들이 늘어선 큰 건물인데, 건물

외관은 그다지 특별하지 않지만 밤낮없이 사람들이 즐겨 찾는 곳이야. 핫한 상점들이 밀집되어 있기도 하지만 이 건물에는 남다른 비밀이 있어. 이곳이 원래 건물이 아닌 육교였다는 사실이지.

'취리히 육교시장'이라 불리는 이곳은 시장을 새로운 형태의 창조 산업과 결합시켜 완성된 재생 육교야. 육교의 기능도 하면서 육교가 상점으로 새롭게 변신한 특별한 공간이지.

본래 이 육교는 기차가 다니는 고가철도였어. 그것을 1894년에 아치형 육교로 개조한 거야. 처음에는 높이가 높은 육교 아래 아치형 공간을 빈 공간으로 내버려두었어. 그러다가 시에서 아치형 공간을 상

업지구 공간으로 활용하자며 양쪽으로 문을 만들었어. 그곳에는 당시 석공들이 창고로 사용했으나, 석공들이 사라지면서 창고는 오랜 시간 비어 있었어. 그것을 개조하여 상업용 점포로 임대하기로 한 거야.

육교 점포는 의외로 반응이 좋았어. 상인 입장에선 시가 관리하기 때문에 임대료가 저렴했고, 시는 비어 있던 공간이 상점으로 채워지자 지역 경제가 살아나는 효과를 얻었지. 그러나 1998년 아치형 육교 옆으로 새로운 지하도가 건설되면서 이 육교는 철거 위기에 놓이게 돼. 하지만 취리히시는 철거로 없애는 것보다 새롭게 보존하는 쪽을 택했고, 아치형 육교 재개발사업 관련 디자인을 공모했어.

이렇게 해서 지금의 아치형 육교시장이 탄생했어. 사라질 뻔한 육교가 보존을 고집하는 시와 시민들의 노력으로 역사적인 가치와 더불어 지역 경제를 살리고 든든한 재원이 되게 한 것이지.

우리나라는 아직 신영동육교 외에 이렇다 할 육교 복원 사례가 없어. 대신 무조건 철거하던 방식에서 기존의 육교에 보행자 편의시설을 보완해 육교를 리모델링했어. 이용자의 편의를 위해 엘리베이터를 설치하고, 계단에 미끄럼 방지를 하고, 햇빛 가리개를 설치하고, 교통약자를 위해 계단을 없애는 등 보행자의 불편함을 최소화했어.

점점 육교가 사라지는 와중에 비용을 들어서라도 육교를 남겨두는

이유는 사고를 예방하기 위한 보행자들의 안전을 위해서야. 그래서 요즘 지자체에서는 보행자 교통사고를 피하는 방법으로 사라진 육교를 새롭게 설치하고 있어. 천안시 불당동 사거리에 있는 비행접시육교, 서초구에 있는 아쿠아육교, 누에다리육교가 그 예야.

천안시에 있는 비행접시육교는 둥근 원이 4차선 전체를 휘감고 있는 모습이 마치 비행접시 같다고 그렇게 불려. 이 육교는 지자체가 도로에서 발생할 수 있는 교통사고 위험을 최소화하고 예방하기 위해 만든 거야. 육교가 없을 경우 무단횡단으로 인한 사고가 발생하고, 지형적인 특성상 장마철에 지하도가 물에 잠기면 도로를 건널 수 없다는 것을 고려한 육교야. 지금은 번듯한 지역 랜드마크로, 육교로 제 기능을 톡톡히 해내고 있지만 처음 이 육교를 설치한다고 했을 때는 언론과 주민의 비난이 거셌다고 해.

육교는 한번 건설하는 데 막대한 비용이 들어가고, 유지비용도 만만찮게 들어가. 과거 자동차 중심의 구시대적 발상인 육교를 왜 혈세를 낭비해가며 건설하려고 하느냐며 비난이 쏟아졌지. 게다가 특이한 디자인도 우려를 갖게 했어. 디자인이 특별할수록 비용이 그만큼 더 들어가니까 말이야. 예술의전당에 있는 아쿠아육교도 최고의 해외 건축 디자이너에게 의뢰하고 폭포수가 나오는 특별한 형태라 무려 백억이라는 비용이 들었어. 여름마다 폭포수에서 시원한 물줄기가 나와야 하기 때문에 일반 육교에서는 발생하지 않을 비용까지 발생해. 그래서 사람들은 비용을 들여 만드는 육교를 탐탁찮게 생각해. 정작 사람들의 안전을 위해 있어야 할 육교마저도 혈세를 낭비한다는 오명을 쓰기도 하지.

 **육교는 사라져야 할까?**

요즘 도로는 육교 대신 거의 대부분 횡단보도가 보행자의 안전을 책임지고 있어. 육교처럼 오르락내리락할 필요가 없으니 도로를 건너기가 훨씬 수월하고 편한 게 사실이야. 그러나 아직 도로는 예측할 수 없는 사고가 도사리고 있어. 수많은 자동차와 다양한 이륜차들의 등장, 아직은 성숙되지 않은 운전자와 보행자들의 안전 의식, 예기치 못한 사고 등의 요인들이 도로의 안전을 위협하고 있어. 그래서 횡단보도를 설치하고 대신 육교를 철거하는 일이 효과적인지 깊이 생각할 때가 되었어.

사실 육교를 철거하는 비용도 만만치 않아. 수십, 수백억 원을 들여 새로운 육교를 짓는 것보다 보행자의 안전을 위해 노후된 것을 새롭게 변화시켜 그 지역만의 특색으로 살리는 것도 방법이겠지. 육교가 너무 촌스럽다면 네덜란드의 예처럼 육교를 독특하게 만들어 누구나 한 번쯤은 올라올 수 있도록 만들어도 괜찮을 것 같아.

육교를 살리기 위한 기발한 아이디어를 이용한 지자체만의 육교재

생 프로젝트를 해 보는 건 어떨까? 단지 보행을 위한 기능만을 위한 것이 아니라 주변과 생활에 특별함과 재미가 있는 육교로 변신시키는 것이지. 낙서와 그림만으로도 작품이 되는 것처럼 육교를 재미있고 즐겁게 만들면 계단을 오를 때도 즐거울 거야. 그러면 일부러라도 육교를 오를 테지.

　오래된 공장이나 목욕탕 같은 낡고 볼품없는 시설을 카페나 공연장으로 새롭게 재탄생시킨 공간에 사람들이 모이고 주목하는 데는 다 이유가 있을 거야. 어쩌면 지난 시간의 흔적과 추억을 거기에서 찾을

수 있기 때문이 아닐까?

육교는 경제발전과 함께 만들어진 산업화의 상징물이야. 사람보다는 자동차를 위해 만들어진 시설물이긴 하지만, 그렇다고 무작정 없애는 것만이 답이 아니라는 것을 우리는 알고 있어. 세워진 이유처럼 사람의 안전을 위해 필요하다면 남겨서 안전과 역사가 공존하는 설치물로 변화시키면 돼.

육교, 다시 바라봐야 할 때야.